# LETTRE

# A M. GUIZOT,

SUR

## LA LOI DE RÉGENCE,

PAR

LE C<sup>TE</sup> DE BEAUMONT-ROCHEMURE.

PARIS.

PAULIN, LIBRAIRE-ÉDITEUR,

RUE DE SEINE, 33.

—

1842

IMPRIMERIE DE Vᵉ DONDEY-DUPRÉ,
rue Saint-Louis, 46, au Marais.

# LETTRE

# A M. GUIZOT,

SUR

## LA LOI DE RÉGENCE.

Monsieur le Ministre,

L'histoire a de précieux enseignements. Mais, pour faciliter l'intelligence de votre combinaison dynastique, il n'est pas indispensable de remonter jusqu'à la minorité des frères de saint Cloud; il suffit de jeter les yeux sur l'une des lois qui régissent une minorité actuelle.

Le 15 juillet 1840, la ville de Londres fut témoin d'un évènement qui mit en émoi le monde politique. Forte entre les forts, couronnée de sa souveraineté abstraite, la France vivait dans la condition de toute association inhabile à fonctionner par l'action égale et simultanée des unités composant sa force numérique : la France était mineure; le régent s'appelait M. Thiers.

La France sait depuis longtemps que, nonobstant son éternelle minorité politique, elle peut au besoin placer sa souveraineté abstraite sous la garde de ses majeurs civils. Sous ce rapport, elle ne pouvait redouter, et elle ne redoutait pas les conséquences de l'événement du 13 juillet. Mais la France est sans artifice : sa droiture naturelle la laisse à découvert en présence de ces *considérations de premier ordre* qui vous sont familières, notamment quand il s'agit d'immoler cent intérêts publics aux chances que vous présentent des élections intempestives. Après l'événement du 13 juillet, des considérations de cette nature vinrent illuminer M. Thiers, et lui montrer le parti qu'il pouvait tirer de *la circonstance*.

La peur trouble la vue ; l'urgence empêche de réfléchir : *la peur* devint l'émotion gouvernementale de l'époque ; *l'urgence* vint en aide à l'émotion.

Au lieu de s'arrêter à la seule mesure que réclamât la circonstance, mesure simple, d'une exécution facile, mais qui, malheureusement, était proposée par un ministre *sans dextérité* en matière

— 5 —

de politique frauduleuse, la dextérité de M. Thiers, aidée de la vôtre, fit décider par l'*émotion* que l'on demanderait à l'*urgence* le temps d'opposer une barrière immuable à l'éventualité qui réclamait une précaution immédiate et temporaire.

On a dit que l'émotion de l'époque n'avait rien de dynastique : il est certain que les dextérités combinées à cette occasion n'ont parlé de l'utilité de leur barrière immuable qu'au point de vue de notre nationalité; mais elles parlaient à une nation de trente-cinq de millions d'individus qui a renversé des barrières immuables dans les quatre parties du monde.

Quoi qu'il en soit, le tour était fait : M. Thiers était armé d'une loi qui, pour protéger notre indépendance nationale, fortifiait l'indépendance extra-légale des régents successifs : la souveraineté abstraite qu'on disait menacée et la minorité politique, qui n'entend pas qu'on la confonde avec la servitude, étaient gardées par une double succession de protecteurs immuables, l'une continue, l'autre intermittente et détachée de la première.

A quelque temps de là, la France remarqua que ses protecteurs détachés étaient moins soucieux du dehors que du dedans : l'illusion cessa, mais les protecteurs détachés étaient immuables !

L'expérience, elle aussi, à de précieux enseignements ; puisque *l'émotion* et *l'urgence* apparaissent de nouveau comme moyens parlementaires, il est bon de savoir si elles apparaissent de nouveau comme moyens de déception.

Tout le monde comprend l'urgence d'une mesure réclamée par une éventualité que tout le monde aperçoit ; bien des gens ne comprennent pas qu'il puisse être urgent de pourvoir aux éventualités de même nature qui attendent nos arrière-neveux.

Le danger que vous avez découvert le 13 juillet dernier est lui-même mis en doute : on se demande comment la mort de M. le duc d'Orléans a pu soulever une question dynastique, quelle est cette question dynastique, par quel côté une question dynastique a pu sortir d'un décès qui laisse hors de débat le droit de l'héritier : on se demande si un droit héréditaire peut péricliter par cette raison qu'en franchissant un degré, il a fonctionné suivant sa nature : on se demande pourquoi l'enfance de M. le comte de Paris nécessite autre chose que l'élection d'un régent éventuel; ce qu'il y a de commun entre la minorité d'un roi fonctionnaire et la minorité d'un roi monarque. On se demande enfin où tendent les efforts que l'on fait pour transformer en tocsin dynastique le glas funèbre du 13 juillet.

Votre projet de loi donne le mot de l'énigme : un danger existe en effet; mais c'est votre politique qui le crée.

La mort de M. le duc d'Orléans n'a mis en péril ni la chose publique ni la chose dynastique; les appréhensions qu'excitent l'enfance de M. le comte de Paris eussent cessé par l'élection immédiate d'un régent éventuel. Mais, comme en 1840, *l'émotion* et *l'urgence* devaient barrer le droit chemin; vous vous êtes rappelé qu'à l'aide de ces moyens parlementaires on pouvait atteindre un but inconstitutionnel par un moyen frauduleux.

Au lieu de coordonner la régence à la Charte, vous voulez imposer à la Charte une régence de votre façon, et au lieu de demander au pouvoir constituant *l'exequatur* qu'il refuserait, vous voulez faire violer la Charte par le pouvoir chargé de la défendre,

Pourquoi la Charte ne vous suffit-elle pas? La Charte n'est pas tellement débile qu'elle ne puisse porter les conséquences de ses injonctions. Elle a écarté par l'hérédité du pouvoir exécutif un inconvénient organique qu'elle a cru devoir éviter à tout prix; elle n'a pas défendu au pouvoir législatif d'obvier par des lois spéciales aux empêchements temporaires que peuvent amener, dans son système comme dans les autres, les maladies, l'absence et la minorité.

Vous voulez *mieux* : vous voulez profiter de la circonstance pour voter à toujours; vous voulez augmenter des prérogatives que vous ne pouvez diminuer; vous voulez donner au sang royal une attribution que ne lui a point donnée la Charte; vous voulez amener le pouvoir législatif à se dépouiller en faveur de la couronne; vous voulez, autant que possible, soustraire les régences à l'action légale, mais quelquefois gênante, des parlements; vous voulez mettre au-dessus de tout contrôle la désignation des régents, la durée de leur mandat et l'usage extra-politique qu'ils peuvent faire de leur autorité; vous voulez des régents *de droit,* responsables par les ministres, mais *irrévocables* de leur personne; vous voulez que le sang désigne, que la mort investisse, et que, seul, le terme de la minorité dépossède ; vous voulez que la mission devienne une institution, que la régence soit une royauté de seconde main, et qu'à l'égal des rois *dont ils ne portent que le sceptre,* les rois de seconde main soient insaisissables partout ailleurs qu'au conseil des ministres.

La question change : la Charte et la logique n'ayant placé que le roi dans les conditions de la royauté, vous êtes forcé de répudier la Charte et la logique. C'est pour cela que, du même coup, vous avez découvert une lacune dans *nos institutions,* le pouvoir de constituer sans pouvoir constituant et l'utilité du galvanisme appliqué à la confection des lois.

Malheureusement, vos expédients ne sont pas neufs. C'est M. de Polignac qui le premier a reconnu ce que pouvait rapporter l'arbitraire amendement de *nos institutions.* C'est le même personnage qui a inventé l'art de constituer sans pouvoir constituant. C'est un doctrinaire de robe longue qui a deviné qu'en politique frauduleuse il suffisait d'éteindre la vérité pour égarer ceux qui la cherchent. C'est M. Thiers qui, en votre présence, a introduit dans la confection des lois l'art de faire voter le cœur pour l'esprit (1). Par ses prétentions constituantes, votre loi dynastique correspond aux ordonnances dynastiques du 25 juillet 1830, et par son mécanisme, qui crie alerte sur un point pour opérer librement sur un autre, elle rappelle le procédé-larron à l'aide duquel la loi *nationale* de 1841 nous a fait prendre une camisole de force pour une armure. A cette époque l'indépendance nationale était visiblement menacée entre Saint-Denis et Charenton ; aujourd'hui c'est la dynastie nationale qui est visiblement menacée à l'endroit des futures minorités. En conséquence de quoi, aujourd'hui comme en 1841, votre loi nationale profite de la distraction nationale pour tourner ses batteries nationales contre le droit national.

Votre loi est inconstitutionnelle et frauduleuse parce que, sans mandat constituant, elle constitue en dehors de la Charte.

Matériellement parlant, on vote pour l'éternité comme on vote pour vingt-quatre heures ; la différence est dans *le droit*. Où est le vôtre ? Qui a

(1) Le cœur doit venir au secours de l'intelligence, *Siècle* du 30 janvier 1841.

donné à votre loi le droit d'enchaîner les législa-
tures à venir, et d'empêcher la législature actuelle
de défaire, à sa convenance, ce qu'elle aura fait
pour l'éternité? Vous nierez probablement votre
pensée constituante, parce qu'en vue de faciliter son
passage au scrutin, vous vous êtes abstenu de pro-
noncer les mots sacramentels : *A l'avenir* ; mais
cet artifice ne trompera personne; la forme d'une
loi ne fait pas sa nature, et chacun sait que la loi
constituante est celle qui constitue souverainement,
comme la loi constitutive est celle qui constitue
dans les conditions de la Charte. Votre loi nomme-
t-elle à la régence? Non, elle constitue un système
d'avénement que n'autorise aucune disposition de
la Charte.

Votre loi a été rédigée à deux fins : sa pensée
constituante est enveloppée de manière à pouvoir
être reniée ou invoquée selon la circonstance. C'est
un acte qui veut aller à la postérité par sa propre
constitution.

Nul ne peut par lui-même contraindre au delà
de son existence : à défaut d'une intervention
supérieure, toute législature est habile à défaire
l'œuvre législative qui lui a été léguée; un roi,
fût-il souverain, ne peut seul obliger son succes-

seur. A qui donc sur la terre sont exclusivement dévolus le droit et le pouvoir de statuer à toujours? aux nations, qui, si elles ne vivent pas éternellement, peuvent ne jamais voir en désuétude les lois qu'elles ont votées pour l'éternité.

La France n'a qu'une loi immuable, la Charte, qu'aux jours de législation punique on fait descendre dans la foule de nos *institutions*. Sans la France, Dieu seul peut modifier l'avenir que la Charte a décrété.

Voici la seconde inconstitutionnalité, celle que vous n'avez pu enfouir dans la forme indécise du texte, celle qui doit nécessairement mettre en défaut votre habileté ou celle des Chambres.

Fût-elle faite pour un jour, votre loi serait inconstitutionnelle, parce qu'elle concède un droit que la Charte n'a pas reconnu. Quel article de la Charte attribue aux princes du sang *le droit* de régir la France avant de monter sur le trône? aucun. C'est donc le pouvoir législatif qui va créer le droit qu'il s'agit d'octroyer au sang royal? Alors de deux choses l'une : ou le pouvoir législatif, qui ne peut porter atteinte aux prérogatives royales, est investi du pouvoir de les augmenter; ou le pouvoir législatif, sujet de la Charte, est investi du droit de la modifier.

Voyons.

La Charte met en action deux principes hétérogènes, l'hérédité et l'élection. Mais la Charte a voulu le concours, non le conflit; elle a fait la part de l'un et de l'autre principe et n'a donné à l'hérédité que la couronne, emblème de notre indépendance continue.

Prétendez-vous qu'en séparant les attributions des deux principes, la Charte n'a pas entendu que le partage fût immuable?—La Charte se tait sur les conditions de sa révision, parce qu'elle n'a pas de lois à dicter au pouvoir constituant; mais aucun des pouvoirs qu'elle a constitués ne peut essayer de la défaire sans laisser choir à son propre mandat.

Invoquez-vous 1830?—En 1830, la Charte n'a pas été révisée par un pouvoir constitué; elle a été révisé par d'*anciens* députés, en vertu du pouvoir que leur a conféré une révolution triomphante, juste dans son principe, et qui venait de suspendre tous les pouvoirs constitués. Les députés de la veille n'ont été que des instruments : la révolution s'en est servie parce qu'elle les a trouvés sous sa main , et parce qu'elle les a trouvés sous sa main, elle leur a déféré le droit de la victoire, droit qui, en l'absence des pouvoirs réguliers, ne pouvait, sans péril, s'abstenir de fonctionner, et qui, sans péril encore, ne pouvait remplacer par voie tumultuaire ce qu'elle venait de renverser par voie tumultuaire. La victoire a fait acte de sagesse en déposant ses armes à l'heure d'édifier. Aujourd'hui les pouvoirs réguliers fonctionnent librement, la Charte seule les domine; et si, compacte ou morcelé, le pouvoir législatif méconnaissait la Charte, il ferait remonter la question aux faisceaux qui, naguère, bordaient le palais des Députés.

L'article 23 de la Charte suffirait à repousser votre pensée constituante : par cela seul que la Charte a pris soin de spécifier le cas où une nouvelle attribution pourrait être ajoutée à l'attribution actuellement unique de l'hérédité; elle n'a conféré cette faculté dans aucun autre cas. Au surplus, c'est le roi seul qui est investi du droit d'introduire l'hérédité dans la pairie : si l'on s'obstinait à l'introduire autre part, il faudrait au moins, pour se conformer au mécanisme de l'article 23, procéder par ordonnance. Qu'en pensez-vous?

Vous objectez qu'il ne s'agit point d'introduire

l'hérédité là où la Charte ne l'a pas mise; qu'il s'agit uniquement d'attribuer au droit héréditaire octroyé par la Charte le droit de désigner et d'investir les régents. — C'est-à-dire qu'on ne créera point une nouvelle nature d'hérédité, qu'on se bornera à ajouter quelque chose au droit héréditaire octroyé par la Charte : c'est-à-dire que l'hérédité constitutionnelle restera installée sur le trône; mais que, de temps à autre, elle pourra fonctionner à côté.

Rien ne s'oppose à ce que les régents soient pris sur les marches du trône; mais, là comme ailleurs, ils doivent être *pris* et non imposés : le sang royal peut les recommander; il ne peut les investir par la raison fort simple que c'est le trône et non l'aptitude à régner qui confère le pouvoir exécutif.

Mais, direz-vous, c'est précisément pour cela que nous demandons l'intervention du pouvoir législatif. Le pouvoir législatif peut, pour cause d'empêchement temporaire, mettre en commission le pouvoir annexé à la couronne, et qui, bien qu'annexé à la couronne, relève de la loi temporelle; il ne peut ériger le pouvoir exécutif en fief mouvant, par la raison encore fort simple, que la Charte n'a réservé aucune place pour le pouvoir exécutif séparé du droit héréditaire qui l'exerce.

Si vous tenez à vos rois de seconde main, il faut de toute nécessité modifier la Charte ; et si vous modifiez la Charte par voie législative, le premier tribunal venu pourra infirmer l'autorité de vos régents.

Admettons que le pouvoir législatif cède à vos instances ; qu'il pénètre dans la Charte pour en modifier les dispositions au moyen de votre loi : selon vous, on comblera une lacune menaçante, et tout sera dit.

Tout sera dit ! Qui donc viendra sanctionner et clôturer votre entreprise ? En 1830, le droit de légitime défense réagit sur le texte synallagmatique qu'un audacieux ministre avait méconnu : un ministre est là qui a remplacé l'audace par la fraude ; où est la révolution qui seule peut sanctionner un acte révolutionnaire ? Non, monsieur : après votre expédition, quand vous aurez comblé votre prétendue lacune, quand vous aurez cousu la régence à la royauté, quand, en un mot, le pouvoir législatif aura fait acte de souveraineté, la Charte restera ouverte, et il sera loisible à chacun de demander un nouvel acte de souveraineté. Que répondra-t-on, par exemple, si, invoquant le pouvoir qui aura modifié les prérogatives royales, cent mille pétitionnaires demandent que le droit de faire les traités soit retiré à la couronne; à la couronne qui pour faire la loi la plus insignifiante a besoin du concours des Chambres? La virginité de la Charte est la barrière devant laquelle s'arrête le droit de pétition : quand cette barrière n'existera plus, vous ne pourrez opposer que la force à des manifestations qui, aujourd'hui, saisiraient la justice.

Votre loi dynastique menace autre chose que la Charte et le pouvoir législatif du parlement; en accumulant toutes les combinaisons de nature à rapprocher les régents de la condition des rois, elle rend périlleuse la condition des mineurs couronnés. Quelle sera la garantie de leur droit abstrait quand le pouvoir pratique des régents sera couvert par l'inamovibilité de la charge, l'irresponsabilité de la fonction et l'inviolabilité de la personne? Il est vrai que les régents projetés auront déjà pour eux leur aptitude à monter sur le trône : ce sera une compensation comme une autre; si les régents royaux n'ont pas intérêt à faire durer les mineurs, ils auront intérêt à faire durer la dynastie.

L'intérêt des mineurs royaux demande précisément ment ce que veut la Charte et le contraire de ce que vous voulez ; il demande que les régents soient *choisis* et *révocables*.

Vous prétendez que ce système constituerait la France en république pure : oui, si comme autrefois le pouvoir royal dominait tous les autres ; non, parce qu'en présence de la Charte, le pouvoir royal, apogée du pouvoir d'un régent, est dominé par le pouvoir législatif. Que les régents soient bons ou mauvais, choisis par les Chambres ou imposés par le sang, la chose publique se trouvera, pendant les régences dans la condition que lui fait la Charte, c'est-à-dire sous la garantie des ministres : en sera-t-il de même de la chose dynastique acquise au mineur royal ? A quel titre le pouvoir ministériel viendrait-il se placer entre le régent et le roi ? Mettrez-vous à distance le sceptre et la couronne ? En quelque lieu que se trouve le siége de la régence, celui du régent inamovible sera la France entière. Éloignerez-vous et, au besoin, renfermerez-vous le mineur et sa couronne ? Si le régent inamovible est essentiellement mouvant, le roi sera essentiellement en fuite ou prisonnier. Dans tous les cas, il faut bien le reconnaître, si les régents sont des rois futurs, il y aura nécessairement entre eux et les rois mineurs quelque chose qui ne sera ni la vie politique ni la

vie privée. Qu'opposerez-vous à ce quelque chose?
La tutelle? Mais la tutelle n'est pas un pouvoir;
c'est une administration : vous lui donnerez des
prérogatives; vous ne lui donnerez aucun moyen
de paralyser les mauvais desseins du régent, car
le régent sera souverain dans les actes étrangers
à la vie politique.

Telle, dites-vous, doit être la condition des régents, parce que telle est la condition des rois selon
la Charte. Le roi selon la Charte réunit la couronne
à son pouvoir politique : en dehors de la vie offi-
cielle, rien ne la domine, rien ne lui porte ombrage,
rien, pour son autorité, ne peut être un objet de
convoitise. Un mur d'airain devrait séparer le droit
éventuel qui dispose du pouvoir, et le droit cou-
ronné qui sommeille dans un berceau. Le mur
d'airain serait la faculté de révoquer le régent;
vous n'en voulez pas.

Ainsi, vous sacrifiez le fond à la forme : en haine
de *la république*, qui n'a rien à voir dans cette af-
faire, vous compromettez l'ordre de successibilité
au trône.

Ainsi, à l'instar de tout ce qui est frauduleux,
votre loi dynastique passe à côté de son but avoué;

mais elle a cela de particulier qu'elle passe en même temps à droite et à gauche. Selon le texte, en son exposé, elle vient *au secours de nos institutions ;* en réalité, elle porte atteinte, d'un côté, à la loi fondamentale du pays, de l'autre, à la sûreté des enfants-rois.

Remarquez, monsieur, que je me tiens sur votre terrain officiel ; je raisonne au point de vue philosophique, et en ce moment j'ai les yeux fixés sur le fatalisme de votre système d'investiture. Si la Providence devait veiller éternellement sur vos rois temporaires, le miracle ferait taire la logique ; mais, la première investiture exceptée, votre loi constituante placera sur le trône de seconde main ce que fournira le hasard, plus la vertu que fournira l'aptitude à remplacer le mineur.

Il est donc incontestable qu'en regard d'une trahison manifeste envers le droit national, votre loi recèle le principe d'une trahison envers le droit des mineurs royaux. Naguère on ne trahissait que d'une main ; l'habileté qui hésite depuis six mois entre un traité désavoué et une ratification promise a trouvé moyen de trahir en partie double sans trahir l'étranger.

Un mot sur la charpente de votre loi.

Vous ne voulez pour régents que des rois futurs parce que, aux termes de (le droit manque), les rois futurs peuvent seuls exercer les fonctions de régents.

Vous excluez les femmes parce que, aux termes de *la loi salique* et de la Charte, les femmes ne peuvent prétendre à la couronne.

Vous ne voulez pour régent aucun particulier parce que, aux termes de (le droit manque), un particulier, s'appelât-il Hugues Capet, ne pourrait monter sur le trône.

Que vous importe l'aptitude à régner quand il ne s'agit pas de monter sur le trône? En bonne logique, si vous étiez forcé de constituer les régences contrairement à l'intérêt des mineurs, il fallait, au lieu d'invoquer un droit qui n'existe pas, fournir une excuse que vous n'avez pas donnée.

Il en est de même de votre second paradoxe; on ne peut expliquer l'exclusion des femmes par l'inaptitude à régner de leur chef, puisqu'il s'agit de régir sans porter la couronne. La loi salique, que l'on invoque à tort, n'a aucune espèce de rapport avec la question : en premier lieu, elle n'est plus dans nos codes; en second lieu, vous le savez, monsieur, elle ne contient pas un mot qui ait trait à la succession des rois. L'exclusion qu'elle prononce contre les femmes se rapporte au domaine privé. Que les rois francs aient considéré et régi leur conquête comme leur domaine privé, on le conçoit : que plus tard le droit privé du Franc soit entré dans le droit public des Français, on le conçoit encore; mais on ne conçoit pas qu'une exclusion, prononcée par notre droit public à l'endroit des successions royales, vienne s'appliquer à une mission politique et temporaire. Pourquoi l'exclusion des femmes? Apparemment pour que le domaine du sang, la couronne, ne puisse passer à un sang étranger. Mais une régente ne possède pas la couronne; passât-elle à dix mariages successifs, elle ne pourrait transmettre ce qu'elle n'a pas.

L'exclusion des particuliers est encore plus incompréhensible que celle des femmes. Quelles considérations s'opposent à ce que l'on admette, comme hypothèse, le cas où la famille royale ne pourrait fournir un régent? Que feriez-vous si le malheur qui a frappé M. le duc d'Orléans avait atteint ses frères majeurs? L'ordre de succession passerait-il la frontière? Le jour où, à défaut de princes, vous serez contraint de subir l'élection, vous compromettrez le droit que vous voulez

fonder. Un droit politique, dénié en principe
et conquis par la force des choses, est une idole
que les peuples placent volontiers au-dessus de
celles qu'on leur a données, et que le pouvoir n'est
pas certain de briser à heure fixe.

En résumé, Monsieur, la lacune que vous avez
découverte dans la Charte n'existe pas. La Charte,
qui statuait à toujours, n'avait point à s'occuper
des secours que pourraient réclamer les pouvoirs
qu'elle a créés : elle se fût trompée, comme la constituante et l'empereur, si elle avait essayé de ré-
glementer des éventualités qui, nonobstant votre
loi constituante et par la seule force des choses,
constitueront toujours des questions de personne.
Ces questions de personne, c'est au pouvoir législatif qu'il appartient de les résoudre.

*P. S.* Le rapport de M. Dupin contient un étrange
raisonnement. L'honorable et savant député invoque en faveur de votre projet la mission,
donnée par la Charte au pouvoir législatif, de
constituer les colléges électoraux, les gardes nationales, etc.— Personne ne conteste au pouvoir
législatif le droit d'édifier sur les bases posées par
la Charte; sa mission n'est autre. Ce qu'on lui
conteste, c'est le droit et le pouvoir de bâtir en

l'air, c'est-à-dire en dehors des données de la Charte.
Le pouvoir législatif peut, à volonté, faire des lois
*constitutives*; il ne peut faire une seule loi *constituante*. Découvrez dans la Charte une disposition
qui permette au pouvoir législatif d'ajouter à la
prérogative du sang royal, à l'instant votre loi
constituante deviendra *constitutive* : elle restera il-
logique, mais elle sera constitutionnelle.

L'argument de M. Dupin est celui-ci : Vous
avez le droit de constituer avec la Charte, donc
vous avez le droit de constituer sans elle et malgré
elle.

FIN.

Imprimerie de M<sup>me</sup> V<sup>e</sup> DONDEY-DUPRÉ, rue Saint-Louis, 46, au Marais.

9 782019 325282